ORGANIZADORA PRISCILA RAMAZE

EDUCAÇÃO FINANCEIRA

Planejamento, lições práticas e sustentáveis

1º ANO

ENSINO FUNDAMENTAL

GRUPO IBEP

1ª edição
São Paulo – 2023

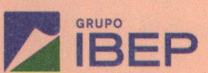

Educação Financeira: Planejamento, Lições Práticas e Sustentáveis
1º ano
© IBEP, 2023

Diretor superintendente Jorge Yunes
Diretora editorial Célia de Assis
Assessoria pedagógica Juliana Silvestre dos Santos, Daniel Martins Papini Mota, Inês Calixto
Edição RAF Editoria e Serviços, Mizue Jyo, Soraia Willnauer, Marília Pugliese Blanco, Deborah Quintal
Assistência editorial Daniela Venerando, Isabella Mouzinho e Stephanie Paparella
Revisão RAF Editoria e Serviços, Yara Afonso
Secretaria editorial e processos Elza Mizue Hata Fujihara
Assistência de arte Juliana Freitas
Ilustração Alexandre Benites
Produção Gráfica Editorial Marcelo Ribeiro
Projeto gráfico e capa Aline Benitez
Ilustração da capa Alexandre Benites
Diagramação Nany Produções Gráficas

Impressão e Acabamento
Oceano Indústria Gráfica e Editora Ltda
Rua Osasco, 644 - Rod. Anhanguera, Km 33
CEP 07753-040 - Cajamar - SP
CNPJ: 67.795.906/0001-10

Dados Internacionais de Catalogação na Publicação (CIP) de acordo com ISBD

R166e	Ramaze, Priscila
	Educação Financeira: Planejamento, Lições Práticas e Sustentáveis / Priscila Ramaze ; organizado por IBEP - Instituto Brasileiro de Edições Pedagógicas. - São Paulo : IBEP - Instituto Brasileiro de Edições Pedagógicas, 2023.
	il. ; 20,5 cm x 27,5 cm. - (Educação Financeira 1º ano)
	ISBN: 978-65-5696-472-0 (aluno)
	ISBN: 978-65-5696-473-7 (professor)
	1. Educação. 2. Ensino fundamental. 3. Educação Financeira. I. IBEP - Instituto Brasileiro de Edições Pedagógicas. II. Título. III. Série.
2023-1211	CDD 372.07
	CDU 372.4

Elaborado por Vagner Rodolfo da Silva - CRB-8/9410

Índice para catálogo sistemático:
1. Educação - Ensino fundamental: Livro didático 372.07
2. Educação - Ensino fundamental: Livro didático 372.4

1ª edição – São Paulo – 2023
Todos os direitos reservados

Rua Gomes de Carvalho, 1306, 11º andar, Vila Olímpia
São Paulo (SP) – 04547-005 – Brasil – Tel.: (11) 2799-7799
www.editoraibep.com.br   editoras@ibep-nacional.com.br

APRESENTAÇÃO

Querido leitor,

Este livro foi escrito para mostrar que educação financeira é um assunto importante para todo mundo e, também, para as crianças. Nesta coleção, você verá diversas situações do cotidiano que envolvem educação financeira. Além disso, você aprenderá como é importante, desde pequeno, ser responsável, ajudar nas tarefas domésticas e participar das decisões sobre o orçamento da família, fazendo a sua parte para economizar e poupar dinheiro. É desse modo que conseguimos realizar nossos sonhos!

Acompanhe as situações apresentadas em cada lição e aproveite a jornada do conhecimento sobre o valor do dinheiro, como lidar com ele, como planejar o dia a dia, como concretizar sonho e muito mais. Aproveite as histórias e essa jornada do conhecimento. Boa leitura e bons estudos!

A autora.

SUMÁRIO

Lição 1 – Compartilhar e reciclar..4

Lição 2 – O dinheiro brasileiro..13

Lição 3 – A organização do quarto...22

Lição 4 – Para realizar sonhos..28

Ao ver estes ícones, você vai:

 manifestar-se oralmente.

 interagir com a família e com os colegas.

LIÇÃO 1 >>> COMPARTILHAR E RECICLAR

💬 **Converse com os colegas e com o professor.**
- O que a imagem mostra?
- Os brinquedos da imagem são todos iguais?
- De que material você acha que são feitos esses brinquedos?
- As crianças estão compartilhando os brinquedos?

Esta é Ana, uma menina que adora brinquedos.

ATIVIDADES

1 Observe a imagem de Ana em seu quarto. Assinale a alternativa correta para completar cada frase.

a) Ana tem:

○ muitos brinquedos.

○ poucos brinquedos.

b) Os brinquedos de Ana estão:

○ todos bem conservados.

○ alguns bem conservados e outros malconservados.

c) Você acha que Ana precisa:

○ comprar mais brinquedos.

○ parar de comprar brinquedos.

• Explique a alternativa que você assinalou no item **c**.

Ana pediu a seus pais que lhe comprassem mais uma boneca, para aumentar sua coleção.

2 Converse com os colegas.

a) Por que você acha que Ana quer ter uma boneca nova?

b) Será que ela realmente precisa de uma boneca nova?

c) Em sua opinião, o que os pais de Ana devem fazer?

>>> VOCÊ SABIA?

Querer ter coisas novas é diferente de realmente precisar delas. Nem sempre é necessário comprar tudo o que queremos. Antes de comprar algo ou pedir algo novo à sua família, é importante pensar: **Eu realmente preciso desse produto?**

3 Ana organizou os brinquedos na ordem de sua preferência: primeiro o que mais gosta de brincar e por último o que menos gosta.

a) Marque o terceiro brinquedo preferido de Ana.

○ foguete   ○ navio

b) Em que lugar ficou o cavalo? Escreva ao lado do brinquedo.

c) Em que lugar ficou o navio? Escreva ao lado do brinquedo.

4 Você sabe dizer quantos brinquedos tem em casa? Você brinca com todos eles? Desenhe, no espaço a seguir, um ou mais brinquedos que você tem, mas com os quais não brinca muito.

MEUS BRINQUEDOS ESQUECIDOS

>>> VOCÊ SABIA?

Adquirir coisas que não vamos usar significa **desperdício**. Pode ser desperdício de dinheiro, se foram compradas. E desperdício dos materiais de que são feitas. Mas, quando doamos as coisas que não usamos mais, diminuímos o consumo na nossa coletividade. Ajudamos a pessoa que recebeu a doação porque ela não vai mais precisar comprar. Ajudamos também o meio ambiente, contribuindo para que menos recursos sejam retirados da natureza.

Ana vai doar os brinquedos que não usa para a Associação de Moradores do Bairro, um local que recebe doações de todos os tipos e as encaminha a quem precisa.

5 Veja, abaixo, alguns brinquedos que Ana escolheu para doar.

a) Quantos brinquedos Ana vai doar? _____

b) De que materiais esses brinquedos são feitos? Ligue.

papel

vidro

madeira

metal

plástico

borracha

tecido e espuma

8

Na escola de Ana, alunos e professores separam o lixo de acordo com o material de que foram feitos a fim de que eles passem por uma reciclagem. **O descarte correto de objetos e sua reciclagem dá origem a novos produtos**.

>>> VOCÊ SABIA?

Reciclagem é a recuperação de partes aproveitáveis de objetos para a fabricação de novos produtos. Cada tipo de material é reciclado de modo diferente.

Para serem reciclados, os objetos que jogamos no lixo devem ser separados de acordo com seu material: vidro, plástico, metal, papel etc. Para isso, em diversos lugares, há lixeiras diferentes para cada material.

Muitos brinquedos têm partes de plástico ou de outros materiais difíceis de reciclar que podem prejudicar o meio ambiente se forem descartados em qualquer lugar. Lembre-se: **reciclar é importante, mas é fundamental não desperdiçar**.

6 Por que é importante separar o lixo para que seja reciclado?

7 Na sua casa vocês separam material para reciclagem? Converse com seus familiares a respeito.

Pedro, o irmão mais novo de Ana, pediu o ursinho emprestado para brincar. As imagens representam como o urso de Ana era e como Pedro o devolveu.

ANTES　　　　　DEPOIS

8 💬 Você acha que Pedro cuidou bem do brinquedo da irmã? Por quê? Comente com seus colegas.

Quando o pai de Ana viu o estado em que o ursinho ficou, explicou ao filho que **precisamos ter muito cuidado com os objetos, nosso e dos outros, para que eles durem por mais tempo**.

No bairro em que Ana mora, há um grupo de vizinhos que emprestam coisas entre eles. A mãe de Ana conseguiu com uma vizinha o material necessário para consertar o brinquedo.

9 💬 Cuidar das coisas faz que elas durem mais ou menos tempo? Converse com seus colegas sobre isso.

Outro dia, Pedro encontrou uma caixa de massinha de modelar esquecida no baú de brinquedos. Resolveu compartilhar a massinha na brinquedoteca da biblioteca do bairro, mas ficou em dúvida se ainda estava utilizável.

Observando as informações do verso da embalagem, Pedro chegou à conclusão de que a massinha ainda devia estar boa para brincar.

10 Observe com atenção os números que aparecem na embalagem. Depois, ligue as colunas e tente descobrir o que esses números significam.

006000	idade em que as crianças não podem usar o brinquedo
10/2025	data em que a massinha foi feita
7896931800061	data máxima em que a massinha pode ser usada
0-3	o código do produto
10/2022	o código que usamos para descobrir o preço do produto

11 Como Pedro chegou à conclusão de que a massinha ainda estava utilizável?

>>> VOCÊ SABIA?

Compartilhar objetos variados entre as pessoas é uma prática antiga. Em cidades menores e comunidades, é comum que os vizinhos emprestem objetos entre si. Nos tempos atuais, essa atitude também tem sido adotada em cidades maiores, facilitada pela internet e pela criação de grupos de compartilhamento. Eles podem ser formados por moradores de um bairro, por estudantes de uma escola, clubes de leitura etc. As pessoas podem emprestar umas para as outras livros, utensílios de cozinha, ferramentas, brinquedos, entre muitas outras coisas.

12. Você já aprendeu um pouco sobre a importância de cuidar dos brinquedos e compartilhá-los. Agora responda oralmente:

a) Na escola, no seu bairro ou em outro local, você participa de algum grupo de compartilhamento de objetos?

b) De que maneira você cuida dos seus brinquedos?

c) Cuidar e compartilhar são ações que ajudam a economizar dinheiro? Como isso acontece?

d) Por que a reciclagem ajuda a preservar o meio ambiente?

>>> Nesta lição, ficamos conhecendo maneiras de reaproveitar os brinquedos, seja doando-os para outras crianças ou dando a eles uma nova utilidade. Quando doamos brinquedos, alegramos o coração de outras crianças, e quando cuidamos e reaproveitamos os brinquedos, colaboramos para a economia da nossa família, evitando o consumo desnecessário. Afinal, quanto mais tempo um brinquedo durar, menor será a necessidade de comprar um brinquedo novo para substituí-lo e menos lixo será produzido.

Você também aprendeu que os materiais têm características diferentes, e isso é muito legal, pois assim vários tipos de objetos e brinquedos podem ser criados com as mais variadas funções! Por isso, é importante manter os brinquedos organizados e sempre guardá-los em um local adequado após as brincadeiras.

LIÇÃO 2 ››› O DINHEIRO BRASILEIRO

Observe a imagem e responda às questões.

- O que o menino está segurando? O que ele vai guardar no cofrinho?
- Você sabe explicar o que é o dinheiro?
- Você acha que o dinheiro sempre existiu?
- Quem fabrica o dinheiro? Como ele chega até as pessoas?

Joana gosta muito de ler. Ela poupará sua mesada até ter dinheiro suficiente para comprar um novo livro.

ALEXANDRE BENITES

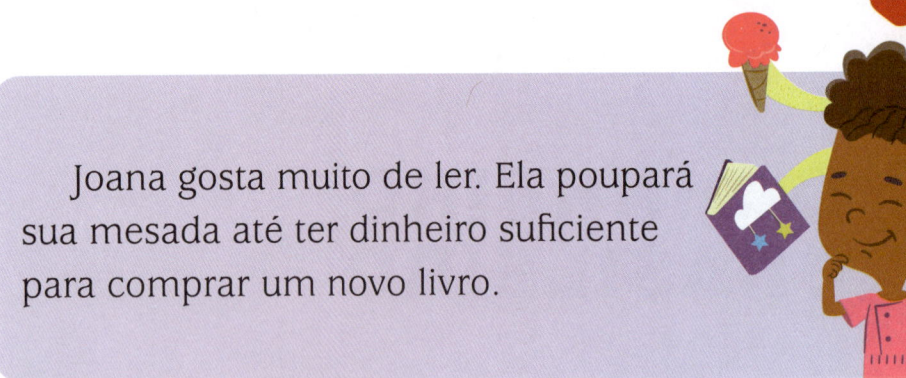

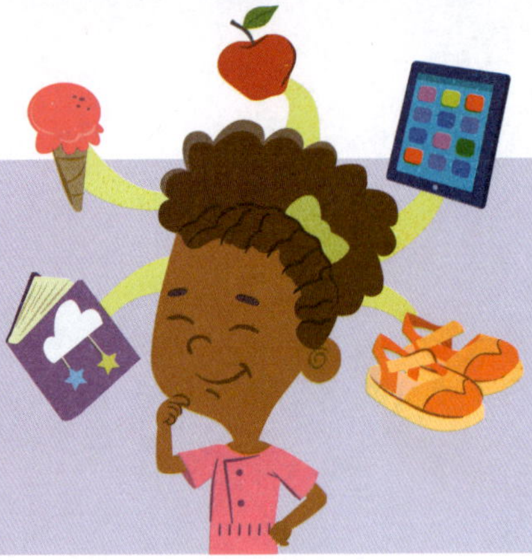

ATIVIDADES

1 Joana vai guardar 8 reais da sua mesada no cofrinho. Destaque as moedas do **Material de Apoio** e cole-as no quadro abaixo para representar o valor que Joana guardou.

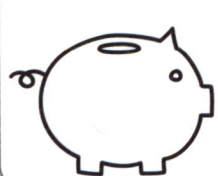

2 Em sua opinião, o que as crianças devem fazer quando recebem algum dinheiro?

- ◯ Guardar uma parte e gastar o restante aos poucos.
- ◯ Gastar tudo assim que receber o dinheiro.
- ◯ Comprar algum produto sem pensar.

›››› VOCÊ SABIA?

Em algumas famílias, as crianças ou os jovens recebem dos pais ou responsáveis uma quantia em dinheiro chamada **mesada**. Assim, eles aprendem desde cedo a cuidar do dinheiro sozinhos e a fazer as próprias escolhas.

Devemos sempre pensar no que vamos fazer com o dinheiro que recebemos. Guardar uma parte do valor para comprar algo depois significa **poupar dinheiro**.

Os pais de Joana explicaram que **dinheiro** é uma quantia em moedas ou em notas de papel (cédulas) que usamos para comprar os produtos que queremos ou de que precisamos, como livros, alimentos, remédios, roupas, ou para fazer pagamentos de serviços.

Canais de filmes pagos são um exemplo de serviço. Livros são um exemplo de produto.

3 Quando trocamos uma coisa pela outra, como sabemos o valor delas?

VOCÊ SABIA?

Há muito tempo, quando não existia dinheiro, as pessoas faziam trocas. Quando elas perceberam que seria mais fácil ter um único objeto que pudesse ser trocado por qualquer coisa, surgiram as moedas e, um tempo depois, as cédulas. Hoje o dinheiro existe em todos os países, na forma de moedas e cédulas. No Brasil, o dinheiro usado é o **real**. Um dos modos de indicar valores em real é usar a letra R (de real) seguida de cifrão ($), que é o símbolo de dinheiro, e depois o valor específico.

4 Observe com atenção as cédulas do dinheiro brasileiro. Circule as cédulas que você conhece ou já viu.

BANCO CENTRAL DO BRASIL

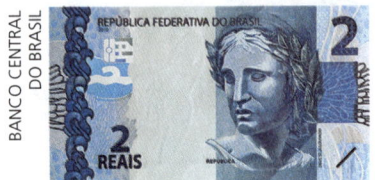

2 reais

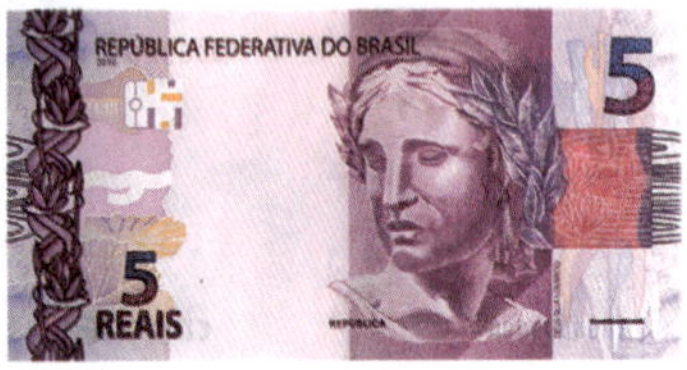

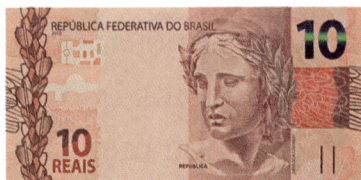

5 reais

10 reais

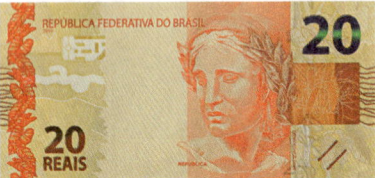

20 reais

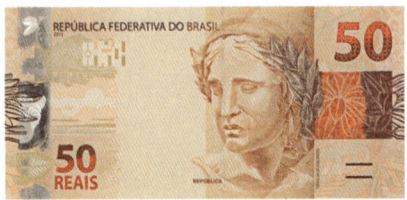

50 reais

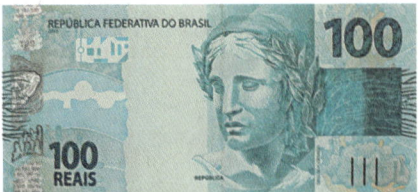

100 reais

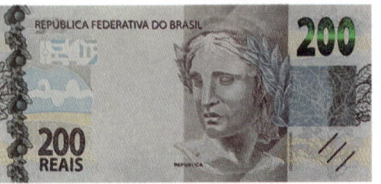

200 reais

a) Que diferenças você consegue perceber entre as cédulas?

b) Dessas cédulas, qual vale mais e qual vale menos?

Observe agora o outro lado das cédulas de real.

5 Observe os animais representados nas notas.

a) Você conhece algum desses animais?

b) Você imagina por que há imagens de animais nas notas do dinheiro do Brasil?

6 Joana quer comprar um livro que custa 32 reais (ou R$ 32,00). Destaque as cédulas do **Material de Apoio** e cole-as no espaço a seguir para representar o valor do livro que Joana quer comprar.

ALEXANDRE BENITES

>>> VOCÊ SABIA?

Para que o dinheiro tenha valor, sua fabricação tem de ser controlada. Quem controla a quantidade de dinheiro que é produzida no mundo são os governos dos países. No Brasil, todas as cédulas e moedas de real são fabricadas em um único lugar: a Casa da Moeda, um órgão do governo.

Sede da Casa da Moeda, que fica na cidade do Rio de Janeiro (RJ).

7 Observe agora todas as moedas de real.

1 real

50 centavos

25 centavos

10 centavos

5 centavos

a) Observando a imagem, escreva os números que são usados como identificação de cada moeda.

b) Vocês sabem para que esses números servem?

c) Como podemos ler esses números?

18

8 A mãe de Joana comprou ingredientes para fazer um bolo de chocolate. O valor total de sua compra foi R$ 25,00 (vinte e cinco reais). Observe com atenção os seguintes conjuntos de notas que podem ser usados para pagar a compra.

Total: R$ _____

Total: R$ _____

Total: R$ _____

Total: R$ _____

a) Escreva o valor total de cada conjunto.

b) Agora, marque um **X** nos conjuntos de notas que a mãe de Joana pode usar para pagar a compra sem que o caixa do mercado precise devolver troco para ela.

9 Oba! O bolo de cholocate ficou pronto!

a) Quantos amigos Joana convidou para o lanche da tarde?

☐

b) Quantas pessoas aparecem na imagem? ☐

10 A mãe de Joana precisava trocar uma nota de cem reais por notas de dez reais.

a) Circule quantas notas ela recebeu.

b) A mãe de Joana gastou 30 reais na padaria. Com quantas notas ela voltou para casa?

_____

11 Depois do lanche, Joana e seus amigos foram brincar em um parque próximo de sua casa.

a) A quantidade de crianças brincando no parque é a mesma quantidade de crianças que estavam na casa de Joana?

◯ Sim.   ◯ Não.

b) Escreva o número que representa a quantidade de crianças que estão brincando no parque. _____

c) 💬 Essa quantidade é maior ou menor do que a quantidade de crianças que estavam na casa de Joana?

d) 💬 Por que você acha que a quantidade de crianças mudou?

>>> Nesta lição, você aprendeu que o dinheiro é usado para a compra de produtos e o pagamento de serviços.

Você conheceu todas as cédulas e moedas de real.

Aprendeu também como organizar o dinheiro e fazer bom uso dele. Ou seja, não comprar aquilo de que não precisamos, não gastar mais do que temos e economizar sempre que possível.

LIÇÃO 3 >>> A ORGANIZAÇÃO DO QUARTO

💬 **Converse com os colegas e com o professor.**

- O que o menino da imagem está fazendo?
- Você acha que o quarto dele está organizado? Por quê?
- Você tem o hábito de arrumar seu quarto?

João tem 8 anos e já aprendeu a ler. Ele ama livros, revistas em quadrinhos e adora colecionar figurinhas.

Ao final de toda semana, João recebe R$ 20,00 (vinte reais) de seus pais para aprender a organizar o próprio dinheiro e a economizar.

ATIVIDADES

1 João quer comprar um álbum de figurinhas (que custa R$ 15,00) e quatro pacotes de figurinhas (que custa R$ 5,00 cada um).

a) De quanto dinheiro João precisará?

| R$ 15,00 | + | R$ 5,00 | + | R$ 5,00 | + | R$ 5,00 | + | R$ 5,00 |

b) A cada semana, João ganha R$ 20,00 de mesada. Por quantas semanas João precisa poupar sua mesada para conseguir juntar a quantia necessária para comprar o álbum e os quatro pacotes de figurinhas?

○ Por uma semana.   ○ Por duas semanas.
○ Por três semanas.   ○ Por quatro semanas.

c) Após comprar o álbum e as figurinhas, vai sobrar algum dinheiro para João? Se sim, quanto?

_____

23

Alice, irmã de João, tem 6 anos e é um pouco desorganizada.

Alice também é uma garota muito esperta. Depois de uma conversa com os pais, ela entendeu que estava sendo descuidada com suas coisas e que precisava manter uma rotina de organização em seu quarto.

Foi aí que Alice teve uma ideia: colocar no quarto uma estante para organizar o material da escola e guardar os brinquedos todos os dias, depois de brincar com eles.

Os pais de Alice gostaram da ideia. Eles lembraram que poderiam aproveitar a madeira de um beliche antigo, que iam jogar fora, para construir a estante. Dessa maneira, reutilizando a madeira do beliche, a família teria uma bela estante e economizaria dinheiro: só precisariam da quantia para o material de montagem (cola, tinta, papel, parafusos etc.).

Alice, que também recebe R$ 20,00 a cada semana, quis fazer como o irmão: decidiu guardar o dinheiro até juntar a quantia necessária para a compra do material.

>>> **VOCÊ SABIA?**

Reutilização é o uso de materiais de um objeto para a construção de um novo objeto.

2 O material para montar a estante vai custar R$ 60,00 (sessenta reais). Alice recebe R$ 20,00 (vinte reais) toda semana.

a) Em quantas semanas Alice conseguirá juntar os R$ 60,00?

_____

b) Alice ganha R$ 20,00 toda semana, mas nunca sabe se serão notas de 5, de 10 ou de 20 reais. Por isso, ela ainda não decidiu com quais notas vai pagar a compra de R$ 60,00.

Destaque do **Material de Apoio** algumas notas que Alice pode receber por semana e forme com elas a quantia de R$ 60,00 de que Alice precisa. Depois, cole as notas no espaço a seguir.

Alice e João são muito unidos, gostam de brincar juntos e de compartilhar os brinquedos. Eles gostaram tanto da experiência de **poupar dinheiro para alcançar um objetivo** que já estão pensando em um novo desafio: guardar dinheiro juntos para comprar um jogo eletrônico que estão querendo há muito tempo.

3. Quando Alice e João brincam juntos e compartilham seus brinquedos, eles estão ajudando seus pais a economizar dinheiro? Explique.

>>> VOCÊ SABIA?

Nosso quarto é lugar de descanso, estudo e de muitas brincadeiras. Então, é importante mantê-lo sempre organizado, limpo e bem cuidado.

Quando você cuida dos itens do quarto e de toda a casa, você está colaborando para que eles possam durar mais, e não será preciso ficar o tempo todo comprando objetos novos.

Manter o quarto organizado e bem-arrumado faz que os objetos e os móveis durem por mais tempo. Mas, mesmo com cuidado, às vezes é necessário trocar alguns móveis com o passar dos anos.

Os pais de Alice e João foram até uma loja pesquisar o preço de alguns móveis que precisarão trocar no futuro. Eles optaram por uma loja de móveis usados, que vende peças em bom estado e com preços bem mais baixos que as lojas de móveis novos.

4 Veja os preços de dois móveis.

a) Circule o móvel mais caro e faça um **X** no móvel mais barato.

GUARDA-ROUPA PEQUENO
R$ 120,00

MESA DE ESTUDO
R$ 90,00

b) Use as cédulas do **Material de Apoio** e mostre para o professor as notas que os pais das crianças podem utilizar para pagar a compra dos móveis acima.

5 O que podemos fazer para conservar melhor os móveis e os objetos da casa?

Nesta lição, você aprendeu sobre a importância e as vantagens de economizar dinheiro. Aprendeu que cuidar bem de nossas coisas para fazê-las durar mais tempo também significa economia. Quando você faz isso, está ajudando a evitar o desperdício e a preservar os recursos do planeta Terra, e ainda faz que seus pais economizem o dinheiro que gastariam na compra de novos produtos sem necessidade.

Você aprendeu, ainda, que é muito importante manter nosso espaço pessoal limpo e organizado.

LIÇÃO 4

PARA REALIZAR SONHOS

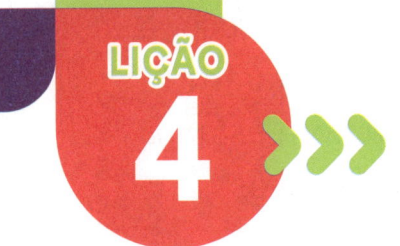

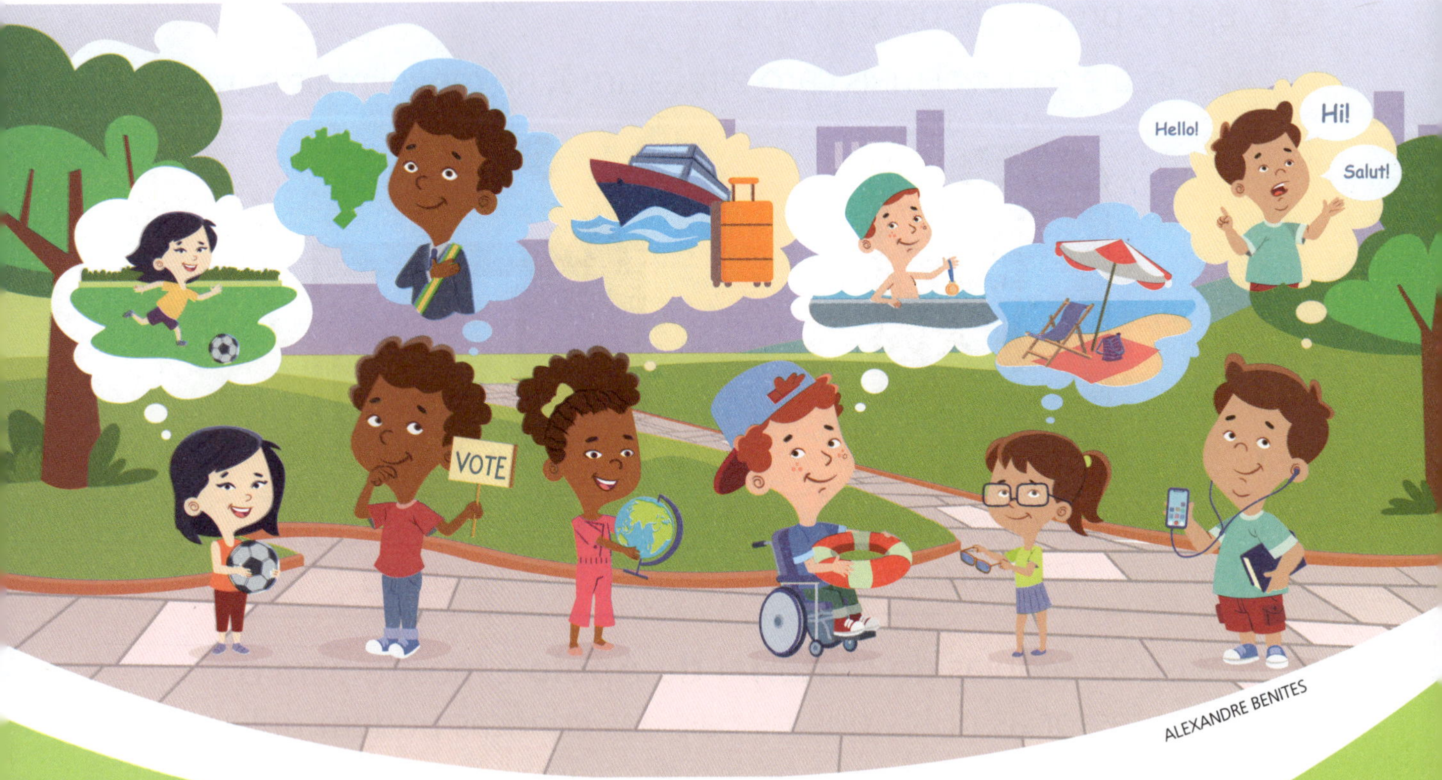

Hello!
Hi!
Salut!
VOTE
ALEXANDRE BENITES

Observe a imagem e responda às questões.

- O que as crianças da imagem estão fazendo?
- Elas estão dormindo ou estão acordadas?
- Precisamos dormir para sonhar com as coisas que desejamos?
- Você tem algum sonho, algo que gostaria muito de fazer?

Educação financeira

Sou gente pequena
Mas penso grande
Os meus sonhos
São maiores que o gigante

Hoje eu vou
Economizar
Pra no futuro
O dinheiro não faltar

Papai e mamãe
Só compram o necessário
Já tenho muitos brinquedos
Lá dentro do meu armário

Já sei o que vou fazer
A hora é agora!
E tudo que eu não uso
Vou doar, não jogo fora!

Elias Becky. *Educação financeira*. Disponível em: https://www.letras.mus.br/elias-becky/educacao-financeira/. Acesso em: 2 abr. 2023.

ATIVIDADES

1 Por que a canção diz que é importante economizar?

2 De que modo as crianças podem ajudar os pais a economizar dinheiro?

3 O título da canção é *Educação financeira*. Você sabe o que essa expressão significa?

4 Releia o último verso da canção.
- Sua família pratica o que diz esse verso?

VOCÊ SABIA?

A **educação financeira** ensina a lidarmos melhor com o dinheiro. Ajuda também a melhorar a qualidade de vida e a planejar a realização de nossos sonhos.

O maior sonho de Lívia é ganhar uma festa de aniversário e poder convidar os colegas da escola, primos e tios. Como será uma festa maior que as de costume, os pais de Lívia vão precisar saber quanto a festa vai custar e organizar o dinheiro da família.

A primeira coisa que os pais de Lívia precisarão fazer para descobrir quanto vão gastar é saber quantas pessoas irão à festa, ou seja, o número de convidados. Os pais de Lívia sugeriram que ela chamasse 10 colegas da escola.

5 Imagine que é sua festa e você vai convidar 10 amigos. Faça, no espaço a seguir, uma lista com o nome dos convidados.

6 Desenhe em uma folha um sonho que você quer realizar.

Lívia preencheu a lista de amigos e a entregou aos pais, que adicionaram os nomes dos primos e dos familiares. No total, a lista ficou com 20 convidados.

Os pais de Lívia foram procurar alguns serviços de que precisariam para a festa, como confeiteira para fazer o bolo e os docinhos, padaria para os quitutes, casa de festas para a decoração e lembrancinhas, entre outros itens. Fizeram **orçamentos**, quer dizer, perguntaram os preços de tudo o que queriam e anotaram.

Em casa, ao fazer as contas, descobriram que se comprassem tudo o que planejaram, gastariam mais dinheiro do que tinham imaginado. Então, para economizar, resolveram fazer eles mesmos os docinhos.

>>> VOCÊ SABIA?

Orçamento é a previsão de gastos que vamos ter na compra de um ou mais itens. Nele devem constar o nome de cada item e seu preço.

7 Cada um dos bolos a seguir custa um valor diferente para ser feito. Os pais de Lívia precisam escolher o mais barato. Observe os valores e faça um **X** na figura que representa o bolo mais econômico.

8 Quando a festa acabou, sobraram alguns itens. Escreva o que você acha que a família de Lívia deveria fazer com cada um.

a) Copos plásticos descartáveis usados.

_____
_____
_____

b) Docinhos que nem foram tirados da geladeira.

_____
_____
_____
_____

c) Peças de decoração da festa.

_____
_____
_____
_____
_____

>>> Sonhar é muito importante e pode trazer muita satisfação! Melhor ainda é conseguir realizar nossos sonhos. Por isso é essencial aplicar tudo o que aprendemos sobre planejamento nesta lição.

Nesta lição, você aprendeu sobre a importância dos sonhos e que, para realizar um sonho, basta colocar a imaginação e o planejamento financeiro em prática. Para isso, é necessário se organizar, pesquisar preços e poupar dinheiro com antecedência. Além disso, não se esqueça de economizar evitando gastos desnecessários!

MOEDAS

CÉDULAS

MATERIAL DE APOIO – Educação Financeira: planejamento, lições práticas e sustentáveis – 1º ano

MATERIAL DE APOIO – Educação Financeira: planejamento, lições práticas e sustentáveis – 1º ano